LA POLITIQUE

RÉDUITE

A UN SEUL PRINCIPE.

LA POLITIQUE

RÉDUITE

A UN SEUL PRINCIPE.

LA POLITIQUE

RÉDUITE A UN SEUL PRINCIPE

ET

MISE A LA PORTÉE DE TOUT LE MONDE,

ABRÉGÉ

SUIVI D'UN PROJET D'IMPOT

APPLICABLE A TOUS LES PAYS.

Par M. MAIN DE SAINTE-CHRISTINE.

Prix : 1 franc 5o centimes.

PARIS,

Chez { GALIGNANI, Libraire, rue Vivienne, N°. 18;
DELAUNAY, Libraire, Palais-Royal, galerie de bois;
Et chez tous les Marchands de Nouveautés.

DE L'IMPRIMERIE DE J. L. SCHERFF.

1814.

TABLE DES MATIÈRES.

PRÉAMBULE.

La politique occupait jadis exclusivement les Gouvernemens ; elle est devenue de nos jours du domaine des peuples , par l'effet des progrès de leurs lumières et de leur industrie. A une époque où elle se lie tellement aux intérêts des nations , que chaque individu est , pour ainsi dire, obligé d'en avoir des notions justes , afin de diriger ses pas vers la fortune et pour payer un tribut raisonnable à l'opinion générale , justement proclamée la reine du monde ; à une époque aussi intéressante , on ne trouvera peut-être pas dépourvus d'intérêt les ouvrages qui ont pour but de réduire aux élémens les plus simples la science de la politique, dont les applications et les développemens sont si variés.

Mes réflexions, sur ce sujet, ont été provoquées par le despotisme militaire et par le charlatanisme politique qui pesaient naguère sur la France égarée. Délivrés maintenant de l'un et de l'autre, tous les bons Français n'ont plus qu'à rendre grace aux Souverains magnanimes dont les actions, guidées plus par leurs ames nobles que par leurs intérêts personnels, ont rendu à elle-même une nation digne encore de son antique réputation.

Un nouveau système politique a été le fruit de mes méditations.

J'en ai fait la première communication à la fin de décembre 1813, à Paris, à un prince que je n'avais pas l'honneur de connaître particulièrement, mais que ses principes et sa conduite pendant le cours de la révolution française m'avaient fait distinguer comme l'homme auquel je devais faire une communication de ce genre.

Les évènemens qui ont eu lieu depuis l'entrée des Alliés à Paris, m'ont fourni la preuve que je ne pouvais mieux choisir le dépositaire de mes pensées philantropiques.

Dans les premiers jours de mars dernier, provoqué par la crise dans laquelle la France se trouvait,

j'écrivis à Son Altesse la lettre ci-
dessous, pour lui demander une
audience.

Les heureux changemens qui
sont survenus ont rendu inutile
l'audience que je sollicitais ; ils ont
fixé mon admiration ; ils ont banni
l'indécision que leur attente avait
fait naître dans mes jugemens, et
enfin, en ramenant parmi nous la
liberté de la presse, ils m'ont en-
couragé à prendre la plume pour
extraire et publier ce que j'ai cru
reconnaître d'utile dans le nouveau
système politique qui a été le résultat de mes réflexions sur la situation de la France et de l'Europe.

COPIE *de ma Lettre à un Prince*
français.

A SON ALTESSE SÉRÉNISSIME, etc.

« MONSEIGNEUR,

» J'ai eu l'honneur d'adresser à
» Votre Altesse sérénissime, à la
» fin de décembre 1813, une lettre
» volumineuse à laquelle était jointe
» une carte géographique de l'Eu-
» rope, divisée d'après un nou-
» veau système d'équilibre politi-
» que, fondé sur le principe que
» les grands États du globe doivent
» être séparés les uns des autres par
» des États beaucoup plus petits,
» ou par des limites naturelles im-
» posantes.

» Présumant, Monseigneur, que
» ma lettre est bien parvenue jus-
» qu'à vous, je sollicite de Votre
» Altesse sérénissime une audience
» relative au contenu de cette let-
» tre. Le sujet dont elle traite n'a
» jamais été aussi applicable à la
» situation dans laquelle se trouve
» l'Europe, qui offre le spectacle
» effrayant du plus grand boule-
» versement politique et moral
» dans le siècle qui réunit le plus
» de lumières capables d'y mettre
» une fin raisonnable, si toutes les
» ambitions peuvent prêter un mo-
» ment l'oreille à la voix du bon
» sens.

» MONSEIGNEUR,

» De Votre Altesse sérénissime, etc. »

LA POLITIQUE

RÉDUITE AU SEUL PRINCIPE

DES INTERMÉDIAIRES.

CHAPITRE Iᵉʳ.

DES INTERMÉDIAIRES POLITIQUES ET PHYSIQUES.

I.

Application du Principe des Intermédiaires à la Division politique et territoriale du Globe.

CHACUN peut faire l'application du principe des intermédiaires d'après une hypothèse particulière. Voici la mienne.

1°. Je suppose les principales portions continentales divisées en empires ou royaumes de 30 à 40 millions d'ames au plus. Cette population me paraît proportionnée avec ce que peut faire un souverain actif et intelligent, ayant le désir de visiter souvent ses provinces , et celui de diriger par lui-même son gouvernement vers le plus haut degré de bonheur et de prospérité à procurer à ses peuples.

2°. Pour éviter les effets dangereux du contact immédiat de ces empires ou royaumes, j'établis entre eux de petits états intermédiaires indépendans , pris sur les parties de leur territoire où la nature n'aurait pas tracé des limites imposantes, telles que des bras de mer, de vastes lacs ou chaînes de hautes montagnes.

Voici , par exemple , comment je diviserais le continent de l'Europe. J'admets que la France en est le centre , et je procède en commençant par elle.

Je la trouve limitée naturellement par l'Océan, les Pyrénées , la mer Méditerranée, les Alpes et la Suisse : depuis la Suisse jusqu'au canal de la Manche, ses limites naturelles sont insuffisantes. C'est là son côté faible ; aussi est-ce de ce côté que la guerre lui est survenue le plus fréquemment ; c'est sur les bords du Rhin et par les routes qui traversent ce fleuve, que s'est dissipée depuis des siècles, et surtout dans ces derniers tems, l'élite de sa popu-

lation. Pour remédier à ce défaut de limites naturelles, j'ai recours au principe
des intermédiaires, et je lui forme un bou-
levard de petits états appuyés sur les
bords du Rhin depuis la Suisse jusqu'à la
Manche.

En 1812 j'aurais marqué tous ces petits
états sur la rive droite du Rhin ; en 1814,
je pense qu'à l'exception de l'Alsace, ils
doivent être formés sur la rive gauche ;
tout en faisant des vœux pour qu'un jour
ces boulevards de la France soient reportés
sur la rive droite, et que cet agrandissement s'obtienne plutôt, en en traitant de
gré à gré avec les souverains de l'Europe,
ou par l'effet des alliances, qu'en ayant
recours au droit de la guerre.

A l'est de la France et de ses états
boulevards, serait l'empire d'Autriche,
qui commencerait à la source du Danube,
et qui en aurait le cours jusqu'à Belgrade.
Cet empire comprendrait l'Autriche, la
Hongrie, la Bohême, la Bavière, l'Illyrie,
la Dalmatie, une partie du Tyrol et la
Transylvanie.

L'empire d'Autriche serait borné au
nord par les monts Crapacks, au midi par

la mer Méditerranée , à l'est et à l'ouest par les Alpes , la Suisse et des petits états pris sur l'Allemagne et sur la Turquie.

Entre la France, l'Autriche et leurs petits états frontières ou boulevards, la mer du Nord et la Baltique , se trouverait l'empire d'Allemagne , qui envelopperait une partie de la Hollande , le Danemarck et une partie de la Prusse.

A partir des monts Crapacks , tout le long de la Silésie jusqu'à la mer Baltique, vers l'embouchure de la Vistule, on for- merait des petits états intermédiaires, qui serviraient de boulevards à l'empire d'Al- lemagne et à la Pologne. L'ancien royaume de Pologne serait rétabli et augmenté de la petite Tartarie et de la Crimée.

Entre la Russie et la Pologne j'établirais une longue ligne de petits états indépen- dans , qui leur serviraient de boulevards.

La Turquie d'Europe , dans toutes ses parties qui ne sont pas baignées par la mer, serait séparée de l'Autriche et de la Pologne par de petits états indépendans pris sur son territoire, tels que la Servie.

Je ne parlerai ici de l'Angleterre, de la Suède, y compris la Norwège , de l'Espagne et de l'Italie, que pour faire remarquer que la nature a tracé les limites de ces îles ou presqu'îles, soit par les mers, soit par des chaines de hautes montagnes.

Les états qui serviraient de limites aux empires et aux royaumes, seraient des petites républiques et des principautés. S'il y avait des sujets de contestations entre quelques-uns de ces petits états, ce serait à l'empire voisin le plus près du centre, à s'interposer et à prononcer comme arbitre de leurs différens. Ces états boulevards seraient donc naturellement sous la protection du plus central des deux empires ou royaumes qu'ils sépareraient, la France étant considérée comme le centre de l'Europe.

Chaque nation se trouve, par l'effet de ce système, avoir une position isolée qui participe des avantages inappréciables de la position insulaire. Dès-lors plus de contact immédiat entre des grands empires, qui pourraient être rivaux s'ils étaient voisins ; conséquemment plus de guerres fondées sur des disputes de territoire, plus d'ambition de la part des souverains dont les états seraient mieux clos de cette manière que s'ils étaient environnés de hautes murailles, ainsi que cela a été pratiqué pour la Chine.

Plus d'inquiétudes de voisinage, parce que des petits états faibles et isolés ne pourraient inquiéter des états voisins ayant 30 à 40 millions d'ames pour population.

Dans cette population de 30 à 40 millions d'ames des grands états, je ne comprends pas celle de leurs colonies.

2.

L'équilibre politique subsisterait entre les empires ou royaumes, à raison, 1°. de leur égalité approximative de forces ; 2°. parce qu'il serait fait entre eux une convention unique, qui serait que la puissance qui, la première, voudrait rompre l'équilibre en faisant la guerre, aurait de suite et de droit pour adversaire la coalition de toutes les autres. Une pareille masse de forces à craindre serait un frein suffisant contre l'ambition la plus effrénée.

L'expérience vient à l'appui de cette probabilité.

La France, sous Buonaparte, s'est livrée

aux plus grands excès de l'ambition : pour
faire rentrer dans son lit ce torrent dévas-
tateur au physique comme au moral, il
a fallu la coopération des principaux états
de l'Europe ; c'est à ce concours de forces
qu'ont été dus l'avantage de ramener la
France à son état naturel, et celui de terminer cette horrible guerre d'extermina-
tion dont, sans ce concours, la fin eût été
de substituer le despotisme et la barbarie
à la liberté légale et à la civilisation.

La Sicile, la Sardaigne, la Corse, et en
général les îles un peu marquantes seraient
des républiques ou des principautés ou
des petits royaumes sous la protection de
la puissance continentale voisine avec laquelle elle aurait communauté de langage.
L'Italie pourrait se diviser à-peu-près
telle qu'elle l'est; mais, quelque change-
ment que l'on y fît, les états du Pape res-
teraient toujours intacts, en leur qualité
de domaines du chef de la religion chré-
tienne, dont la protection est si impor-
tante sous le double rapport de la morale
et de la politique.

Je bornerai ici les applications géogra-
phico-politiques du principe des intermé-

diaires. Les conséquences pour son application aux autres parties du globe sont
faciles à tirer. Si je voulais tout dire, cette
brochure perdrait le caractère d'abrégé
que je veux lui conserver : lors de sa
deuxième édition , je ferai enluminer des
cartes géographiques d'après mon hypothèse (1).

---

(1) Ces cartes se vendront avec la brochure , ou
séparément. Les cartes d'Europe, enluminées,
coûteront 2 francs. Les personnes qui en désire-
raient, dès ce moment, peuvent s'adresser chez
l'auteur. On affranchira les lettres de demandes.
Les cartes ne seront délivrées qu'au comptant.

CHAPITRE II.

DES INTERMÉDIAIRES POLITIQUES ET MORAUX.

I.

Application du Principe des Intermédiaires à l'art de constituer et de gouverner les peuples des grands et des petits États du Globe.

L'EXISTENCE des hommes en société doit sa stabilité à un contrat social primitif fait entre eux, dont le but est de réprimer le droit injuste et destructif du plus fort.

C'est par cette faculté de pouvoir modérer ce que ses passions ont de sauvage et de brutal, que l'homme se distingue vraiment des animaux qui, livrés à leur instinct, ne connaissent que la loi du plus fort.

Partout où les hommes sont réunis en société, on distingue entre eux un ou plusieurs chefs, quels que soient d'ailleurs les noms donnés à ces sociétés et le nombre des individus qui les composent.

Quand une réunion d'hommes devient nombreuse et couvre un grand territoire, on y distingue ordinairement plusieurs chefs, qui reconnaissent entre eux un chef principal. Tant que ces chefs peuvent en peu de tems et avec facilité communiquer des extrémités du pays au point central et réciproquement, le gouvernement a le caractère républicain ou celui des principautés, suivant que le pays est plus ou moins étendu et plus ou moins peuplé.

Quand une nation est tellement nombreuse et son territoire tellement étendu que les communications d'une extrémité à l'autre exigent plusieurs jours pour se réaliser, elle est dans l'impossibilité de se gouverner elle-même d'une manière convenable ; elle se trouve comme forcée de s'abandonner en toute confiance aux délibérations de ses chefs. La nécessité de mettre les chefs hors d'état de pouvoir abuser impunément de la confiance dont la nation les a rendu dépositaires, exige des combinaisons politiques ; leur but est de donner un caractère au gouvernement, applicable à la nation, lequel doit être fondé sur sa position territoriale et sur l'esprit national.

Les premiers états ont probablement été petits. La nécessité de se défendre avec avantage contre un ennemi commun a déterminé plusieurs chefs d'états voisins l'un de l'autre à former entre eux des confédérations. Le besoin d'ensemble dans les opérations de la défense a porté ces chefs à choisir entre eux un chef principal qui était redevable de la confiance de tous, plutôt à ses qualités guerrières qu'à ses richesses et à l'étendue de ses états. Un nom distingué, tel que celui d'empereur ou de roi, fut donné à ce chef principal. Son élection fut facile à faire, toutes les fois qu'un chef, par ses qualités transcendantes, appelait le choix sur sa personne. Mais il n'en fut pas de même quand plusieurs chefs pouvaient avoir les mêmes prétentions, et c'est ce qui arrivait le plus ordinairement; alors l'élection entraînait à sa suite des inconvéniens si graves et des résultats si funestes, qu'elle força de recourir à une autre manière de se donner un chef empereur ou roi. L'idée se pré-

2

senta et fut adoptée de rendre héréditaire
la dignité principale. Ce parti, quoique
fort simple et fort bon à prendre, ne fut
pourtant adopté qu'en considération des
inconvéniens qu'il y avait à ne pas s'y soumettre.

Une dignité héréditaire irritait la fierté
des chefs électeurs, et conséquemment
des hommes prétendans à l'égalité des
rangs et des droits au pouvoir. L'hérédité
était un privilége pour une famille; ce
premier privilége devait donner naissance
à beaucoup d'autres. Dès-lors les hommes
durent se dépouiller d'une partie de leur
fierté, et lui substituer des idées d'obéis-
sance et de soumission. Leur existence en
fut peut-être moins brillante, mais elle
fut incontestablement plus tranquille et
plus heureuse (1).

---

(1) Une nation, sous le rapport de son organi-
sation, peut être comparée à une armée : il lui faut,
comme dans celle-ci, un général en chef, des généraux, des colonels, des officiers, etc. La discipline
y doit être reconnue. La discipline admet l'inégalité
que l'on trouve partout dans la nature; elle repousse
l'égalité, ce mot dont on a tant abusé pour faire

Dès-lors on reconnut qu'il y avait un
art de jouir de la paix, comme il y en a un
pour faire la guerre. Le génie qu'on avait
presque exclusivement appliqué à la perfection du maniement des armes et à celle
de l'art militaire en général, fut appliqué
à la meilleure manière de se gouverner,
soit en tems de paix, soit en tems de
guerre, et la politique prit naissance.

La marche de la civilisation, celle des
événemens politiques qui ont agité notre
globe terrestre, remonte à des époques si
éloignées, qu'on a presque entièrement
perdu de vue les degrés par lesquels les
gouvernemens modernes sont parvenus au
point où ils sont aujourd'hui.

Ce qu'il y a de plus remarquable, c'est
qu'ils ont été jusqu'à nos jours dans une
tendance continuelle à l'agrandissement.

Le pouvoir, ici bas, semble vouloir se
diriger vers l'unité comme point de perfection.

---

déraisonner les hommes et pour les porter à toutes
sortes d'excès. Hors l'égalité devant la loi, le mot
égalité, en politique, pourrait être regardé comme
synonyme de ceux de *folie* et *désordre*.

2.

L'idée de monarchie universelle s'est présentée de siècles en siècles aux esprits des souverains et des peuples. Ce qui doit être l'œuvre volontaire des principaux souverains de l'Europe, des souverains ambitieux ont tenté de le faire à eux seuls, ils ont essayé d'usurper ou de conquérir le titre de monarque universel, qui, pour être solide, devra être décerné par le libre choix des souverains entre eux.

Je crois que nous ne sommes pas éloignés de l'époque où les quatre parties continentales du monde auront chacune un chef suprême (1), *ad honores*, sous la protection duquel, et de leurs souverains particuliers, leurs habitans jouiront en paix du fruit de leurs travaux et du libre exercice de leur religion.

Je distingue les parties continentales du

---

(1) A son titre particulier d'empereur ou de roi, ce chef pourrait joindre celui de protecteur de la confédération européenne, ou asiatique, ou africaine, ou américaine.

globe des parties maritimes. La monarchie universelle continentale est une chi-
mère ; l'empire des mers n'en est pas une :
les puissances de la terre se le sont longtems disputé. L'Angleterre seule, de nos
jours, a réussi à s'en emparer.

Et mettant en question s'il faut lui dis-
puter cet empire, ou s'il ne serait pas
plus sage de l'investir, d'une commune
voix, de cette souveraineté, à certaines con-
ditions, je pencherais pour cette dernière
partie de la proposition. L'empire des
mers est une pomme de discorde pour les
puissances maritimes. Trois ou quatre vic-
toires navales peuvent faire changer de
mains le sceptre maritime, et par suite
bouleverser le globe et rompre l'équilibre
politique général. Il serait difficile que ces
changemens n'arrivassent sans entraîner
des malheurs incalculables.

Je crois donc avantageux qu'une seule
puissance ait la souveraineté des mers ; et
comme Français, c'est à la France que
j'attribuerais cet empire : mais les différens souverains du monde, et notamment
celui de l'Angleterre, seraient-ils de mon
avis ?

La situation géographique de la France pourrait lui mériter la préférence : d'autre part la position insulaire de l'Angleterre est d'un avantage inappréciable. C'est cette position qui entretient et généralise dans la nation cet esprit marin, si essentiel pour la conservation de l'empire des mers : c'est cette position qui fait que la navigation est, chez les Anglais, un besoin de nature. Tous les Anglais sont marins comme naguère tous les Français étaient soldats.

Je dois pourtant m'expliquer sur ce que j'entends par l'empire des mers.

Une nation en serait proclamée souveraine et protectrice : elle serait mise en possession des positions maritimes les plus fortes et les plus importantes pour la navigation, en réduisant toutefois ces positions au plus petit nombre indispensable. Elle aurait le droit d'entretenir à elle seule une marine militaire égale en force et en nombre à celle de toutes les autres nations réunies. Chaque nation protégée aurait un nombre déterminé de bâtimens de guerre, qu'elle ne pourrait dépasser sans le consentement de la na-

tion souveraine et protectrice ; ce nombre
serait proportionné à son territoire ainsi
qu'au nombre et à l'étendue de ses colonies ; les bâtimens de guerre de la nation souveraine et protectrice des mers
auraient le droit de visiter tous les bâtimens de guerre des autres nations ; un
certain nombre de ses bâtimens, d'une
forme déterminée, auraient la police des
mers : ils y exerceraient des fonctions
analogues à celles de la gendarmerie sur
terre. Ces bâtimens auraient la commission spéciale de chercher et de détruire
les pirates : on leur accorderait une
prime pour chaque bâtiment pirate dont
ils s'empareraient. La nation souveraine
et protectrice prêterait des bâtimens de
guerre, en nombre suffisant, pour faciliter à une des nations protégées, des
expéditions extraordinaires, qui ne seraient contraires ni à l'intérêt général,
ni aux droits reconnus et accordés à ladite
nation souveraine des mers.

La souveraineté des mers ne serait
qu'une charge ruineuse pour une nation,
si des avantages particuliers ne lui étaient
pas attachés. Si les bénéfices résultant,

pour le commerce de cette nation, de sa correspondance générale avec le globe, n'étaient pas suffisans pour l'indemniser et même la faire prospérer, je pense qu'il faudrait avoir recours au moyen suivant pour arriver à cette fin.

Chaque nation lui fournirait un double de sa marine militaire, non compris les équipages ; c'est-à-dire, qu'à dix ans de date de l'acte qui reconnaîtrait une nation souveraine et protectrice des mers, chacune des nations protégées, qui construirait un bâtiment de guerre, devrait en construire un double pour la nation souveraine : un envoyé de cette nation choisirait celui des deux bâtimens qui lui conviendrait le mieux, ou bien on les tirerait au sort. La nation souveraine et protectrice n'aurait donc de frais de construction à faire que pour des bâtimens de commerce ou pour quelques vaisseaux de haut bord, d'une forme colossale, qu'elle seule aurait droit de construire.

Une constitution maritime, consentie par toutes les puissances maritimes, établirait les rapports entre la nation sou-

veraine et protectrice des mers et les
nations protégées.

D'après le principe général des intermédiaires, on ne devrait pas omettre,
dans cette constitution, de reconnaître,
entre la nation souveraine et protectrice
et les nations protégées, une puissance
médiatrice, dont un des principaux attri-
buts serait de veiller au maintien de la
constitution maritime.

Cette courte digression sur l'empire
des mers était en quelque sorte néces-
saire, avant d'aborder la question de la
forme de gouvernement qui convient à
chaque peuple ; elle faisait naturellement
suite à l'idée de monarchie universelle,
dont l'exécution possible n'existe que sous
le rapport maritime. Je reviens maintenant au sujet qu'indique le titre de ce
chapitre.

3.

Le problème à résoudre pour les gouvernemens modernes, est la création
d'un ensemble de lois primitives, appelé
Constitution, qui établisse des limites politiques entre le pouvoir législatif d'une

nation et le pouvoir exécutif du chef de cette nation : chef sans l'existence duquel la nation ne pourrait vivre heureuse.

Pour résoudre ce problème, je considère le pouvoir exécutif que j'appellerai *le Roi*, et le pouvoir exécutif que j'appellerai *le Peuple*, comme deux grands états voisins. Après avoir bien établi les droits du peuple et ceux du roi, ainsi que les limites générales du pouvoir de l'un et de l'autre, je dis qu'il faut entre ces deux puissances, comme entre deux grands empires voisins, un *intermédiaire* politique et moral, équivalent à l'intermédiaire géographique que j'ai admis pour la séparation des grands états.

Je trouve cet intermédiaire dans la création d'un corps qui n'aurait ni le pouvoir législatif ni le pouvoir exécutif : il aurait celui de contrôler les actes du roi et ceux du peuple ; celui de proposer des lois, celui de ramener à l'esprit de la constitution l'opinion publique, que voudrait influencer en sa faveur le peuple ou le roi. Les gouvernemens seraient donc divisés en trois parties ; la première

serait le Roi, la seconde serait le Sénat, comme organe du peuple, la troi-
sième serait le corps intermédiaire, que
j'appellerai *le Parlement.*

Le rapport du roi au peuple est en
raison de la population du pays et de son
étendue. Plus la population est grande et
le pays étendu, plus le roi doit dominer
sur le peuple. Si le pays est très-petit
et a peu de population, le peuple domine presque entièrement sur le roi.

D'après leurs différens rapports, les
noms des principaux gouvernemens sont
les suivans.

Démocratie, Aristocratie, Principauté,
Monarchie Royale, Monarchie Impériale, Despotisme, Théocratie.

Dans la petite démocratie, le pouvoir
exécutif ou roi est presque nul.

Dans la grande démocratie, le pouvoir
législatif, ou peuple, domine sur le pouvoir exécutif.

Dans l'aristocratie, il doit y avoir équilibre entre les deux pouvoirs.

Dans la principauté, le pouvoir exécutif commence à dominer sur le pouvoir
législatif.

Dans la monarchie royale , le pouvoir exécutif, ou le roi, domine le pouvoir législatif ou le peuple.

Dans la monarchie impériale , le pouvoir législatif est presque nul par rapport au pouvoir exécutif.

Dans le despotisme, il n'existe plus de pouvoir législatif, ou plutôt les deux pouvoirs sont réunis dans les deux mains du despote.

Dans la théocratie , qui est le despotisme divisé , la volonté du chef est aussi sacrée que la volonté du dieu qu'il représente sur la terre.

Je bornerai l'application du principe des intermédiaires au seul gouvernement monarchique et royal , parce qu'il est le plus répandu sur le globe, parce que je le crois le plus favorable au bonheur des peuples , et parce qu'il sera facile , en augmentant ou en diminuant ce que je dirai pour ce gouvernement, d'en déduire ce qu'il y aurait à faire pour les autres. En agissant autrement, je craindrais de fatiguer l'attention d'un grand nombre de lecteurs par des détails d'une abstraction capable de brouiller les idées plutôt que de les éclaircir. Moins cet écrit sera volumineux, plus il sera facile d'en saisir l'ensemble et plus il sera à la portée de tout le monde.

4.

Le gouvernement monarchique est celui qu'il convient le plus particulièrement de diviser en trois parties, comme je l'ai dit ci-dessus en général.

Ces trois parties sont; je le répète, le Roi, le Sénat et le Parlement.

Chacune de ces trois parties de gouvernement se subdivise en deux (1). Dans la personne du roi, je distingue la réunion du pouvoir royal et du pouvoir exécutif: dans le sénat, je distingue la chambre des patri-

---

(1) Dans les gouvernemens démocratiques ou aristocratiques, les pouvoirs législatif et exécutif ne sont pas divisibles en deux parties, comme il faut qu'ils le soient sous le gouvernement monarchique. Je n'ai pas besoin d'observer aussi que sous le despotisme il n'y a pas de division de pouvoirs.

ciens ou des députés du roi , et celle des plébéiens ou des députés du peuple : dans le parlement , je distingue la réunion des élus de la première chambre et de ceux de la deuxième.

Je suppose la population du royaume de 30 millions d'ames.

Ces bases posées , il est à propos que j'entre dans les principaux détails de la formation des trois parties essentielles du gouvernement.

La première nomination à faire est celle du roi ; c'est le peuple qui le désigne par l'organe de ses députés. Le rapport du nombre des députés au peuple serait, par exemple, d'un député par 100,000 ames. La royauté est héréditaire. Si la famille régnante est sur le point de s'éteindre, le dernier rejeton régnant peut, s'il le veut, désigner la famille qui doit hériter du trône : s'il ne le juge pas à propos , ou s'il ne le peut, cette nomination revient naturellement au peuple Le roi, en cas d'infirmité, ou dans celui de faiblesse d'esprit et de caractère, peut abdiquer en faveur du prince de sa famille, qui montrerait le plus d'aptitude à tenir,

d'une main ferme et courageuse, les rênes
du gouvernement dans des circonstances
critiques et importantes, telle que celle
d'une guerre redoutable.

Après la mort de ce prince roi, l'hérédité reprend son cours naturel, s'il a
été interverti par le choix du roi abdi-
quant.

Le roi étant proclamé, son premier
acte d'administration est de convoquer les
assemblées électorales de la nation, d'a-
près une division du royaume en provinces ou départemens, de 300,000 ames
environ de population, ce qui donne
cent départemens pour un royaume de
30 millions d'ames.

Chaque assemblée électorale forme une
liste de cinq ou de dix candidats. Sur
dix candidats, par exemple, elle en désigne un au scrutin secret. Le sort indique sur les neuf restant quels sont les
deux députés adjoints au premier. Si l'on
admet des suppléans, c'est également le
sort qui les indique. Le tirage, pour les
suppléans, ne se fait qu'au moment du
besoin et par le ministère d'une commission nommée d'avance *ad hoc* par l'as-

semblée électorale. Chaque département
nommant trois députés , la chambre des
plébéiens ou des députés du peuple sera
composée de trois cents membres.

L'âge et la fortune exigibles pour être
électeur et pour être député sont déterminés. Pour compléter la formation du
sénat, le roi nomme les patriciens ou députés de la première chambre. Le nombre
ne peut en être au-dessous de cent , ni au-
dessus de deux cents. Le roi a le droit de
rendre héréditaire la dignité de patricien.

Les patriciens et les plébéiens auront
des traitemens.

Le sénat étant formé, c'est à lui seul à
procéder à la nomination des membres
du parlement. Le nombre en est fixé à
soixante, dont vingt à la nomination des
patriciens et quarante à la nomination des
plébéiens (1).

Les patriciens font leurs nominations à
volonté.

---

(1) Leur nomination se fait en comité secret,
sur le rapport d'une commission choisie par chaque
chambre à cet effet.

Les plébéïens font leurs nominations sur une liste de cent candidats. Chaque assemblée électorale de département désigne un candidat pour la formation de cette liste.

Les patriciens ne peuvent être portés sur la liste des candidats. Les plébéïens peuvent y être portés et être nommés membres du parlement; en ce cas ils sont remplacés dans leur chambre par un suppléant de leur département.

Pour être membre du parlement, il faut être propriétaire de biens-fonds ou d'effets publics, d'un revenu annuel suffisant pour dispenser de travailler pour vivre. Il faut être connu pour avoir de l'instruction, de l'élocution et du caractère : il faut avoir au moins vingt cinq ans.

Les membres du parlement sont nommés pour cinq ans. Ils sont rééligibles, s'ils n'ont pas perdu la fortune exigée pour prétendre à cette place honorable.

Le parlement, au lieu de traitement fixe, aura une dotation en biens-fonds suffisante pour assurer à chaque membre un traitement à-peu-près égal à celui des plé-

a

béiens (1). Ce traitement sera calculé plutôt pour servir d'indemnité des frais de
déplacement et d'absence, que pour offrir
un appât à la spéculation.

La dignité de membre du parlement
donnera peu de profit, mais elle offrira
beaucoup d'honneurs. Elle méritera la no-

---

(1) Le nom de *plébéien*, en français, a contre
lui une prévention. Il en est de même de ceux
dont on a abusé dans le cours de la révolution
française, tels que les noms de *philosophe*, *patriote*,
sénateur, *citoyen*, *citoyenne*, et autres. Je serais
d'avis qu'on réhabilitât solennellement ces noms,
qui sont beaux et bons par eux-mêmes. Les noms
de citoyen et de citoyenne, par exemple, qui ont
été si prostitués, étaient fort utiles dans notre
langue pour nommer honorablement les personnes
qu'on ne peut appeler monsieur et madame, ainsi
que celles qu'on veut honorer en ne les appelant
pas par leur nom seul. On est tombé dans un
excès en bannissant les mots monsieur et madame;
on tombe dans un autre en bannissant de notre
langue ceux de citoyen et de citoyenne. Ne serait-il
pas convenable que, comme le *tu* et le *vous*, ils
se partageassent les dénominations, suivant la cir-
constance ?

blesse à ceux qui ne l'auraient pas , et elle ajoutera un titre de plus à ceux qui l'auraient déjà.

Le parlement aura une place d'honneur à toutes les cérémonies publiques.

Voilà les trois parties fondamentales de la monarchie organisées. Je vais maintenant dire un mot de leurs attributions.

5.

Le Roi.

Le roi a le pouvoir exécutif, qui est généralement assez connu pour que je puisse me dispenser ici de le définir; il a de plus le pouvoir royal.

Cette seconde attribution a pour but d'entourer le chef de la nation de cette haute distinction et de ce prestige indispensable à la qualité de roi, laquelle établit une grande distance entre la personne sacrée du roi et celle de tout autre de ses sujets ; elle a pour but d'entretenir, dans l'opinion de la nation, le profond respect et l'enthousiasme pour l'homme privilégié que l'on doit regarder comme la clef de la voûte de l'édifice social.

Elle a pour but de dispenser le roi des formes ordinaires quand il s'agira de sauver la vie ou l'honneur d'un de ses sujets qui, par lui-même ou par sa famille, aurait encore des titres à la pitié ; elle a pour but de le mettre à portée d'étudier les besoins de son peuple, et de lui faciliter la connaissance de la vérité.

La devise de la nation doit être, *hors le roi point de salut :* celle du roi, *point de repos hors l'amour du peuple.*

Le roi aura une tribune dans la chambre des patriciens, dans celle des plébéiens (1) et dans le parlement. Du mo-

---

(1) La dénomination de chambres des députés, ou celle de patriciens et de plébéiens, est beaucoup plus convenable que les dénominations de représentans du peuple et de représentation nationale, qui ont été usitées pendant la révolution française. Une vraie représentation d'un grand peuple serait aussi impossible que ridicule, puisque chaque classe, depuis la plus haute jusqu'à la plus basse, doit avoir son ou ses représentans. C'est l'élite seule de la nation qui doit la représenter, et c'est parce qu'on s'est écarté de ce principe en France, que la canaille s'est introduite dans nos

ment que , cessant d'être spectateur , il voudra porter la parole, la séance cessera d'être publique. Il sera censé être en conseil d'état, et portera la parole du haut de son trône.

Le roi déclare la guerre et traite de la paix.

Le roi aura l'initiative des lois. En conséquence de ce droit c'est lui qui proposera la constitution jugée convenable à la nation , d'après l'état présent de ses mœurs , de son esprit et de ses lumières. Le sénat et le parlement la discuteront ; la rédaction définitive en sera faite d'après les observations auxquelles elle aura donné lieu, et elle sera sanctionnée d'accord par le roi et par le sénat.

Le Sénat.

Les fonctions du sénat seront : 1.º de

---

assemblées nationales ; elle seule a été cause de tous nos malheurs , qui n'ont dû leur fin qu'à son heureuse expulsion des places qu'elle avait usurpées. A quelques époques de la révolution française , ce qu'on appelait représentation nationale n'était vraiment que la caricature de la nation.

discuter les projets de lois présentés par le roi, et d'en adopter la rédaction définitive, d'après les discussions qui pourront avoir lieu ; 2.º de proposer au roi des lois jugées nécessaires, lois que le roi approuvera et présentera au sénat, s'il le juge convenable.

Les membres du sénat éviteront de prononcer des discours écrits : ils devront préférer parler d'abondance, soit d'après des notes qu'ils pourraient consulter, soit d'après leur mémoire.

Le Parlement.

Les fonctions du parlement sont de discuter et de contrôler les actes du roi et ceux du sénat, de provoquer les lois et les arrêtés du gouvernement, qu'il croirait être d'un intérêt général ; de veiller à la constitution et aux intérêts généraux de la nation, de signaler le bien et le mal.

Les séances du parlement sont toujours publiques. Les discussions secrètes ne peuvent avoir lieu que dans des comités nommés spécialement pour discuter certaines questions.

Le parlement est permanent ; il est ab-
solument indépendant ; à lui seul appar-
tient le droit de faire imprimer sans être
sujet à aucune responsabilité. Il est le re-
présentant de l'opinion publique : il en est
aussi le tribunal.

Le roi et le sénat doivent communiquer
immédiatement au parlement les projets
d'actes nouveaux de leur autorité; il les
discute de suite et publiquement, s'il le
juge à propos, puis il envoie sa délibéra-
tion au pouvoir qu'elle concerne pour
éclairer sa décision.

Le parlement veille continuellement sur
la liberté individuelle et sur la liberté de
la presse.

La liberté de la presse est le palladium
de la liberté politique. Partout où il y a eu
usurpation, il y a eu violation de cette liberté (1).

_____

(1) Je suis de l'avis des personnes qui pensent
que la censure ne doit exister que pour les écrivains étrangers et pour ceux qui ne sont pas domi-
ciliés dans le pays où ils veulent se faire imprimer.

La fortune ou l'état d'un écrivain doivent pré-

Quelle noble confiance ne devra-t-on pas avoir dans un corps aussi bien composé et aussi respectable que le sera le parlement, soit pour réclamer les droits de la liberté de la presse, soit pour signaler ses abus !

Le roi, le sénat et le parlement auront pour leur garde des troupes différentes.

Le roi aura sa garde ordinaire (1).

---

senter une responsabilité contre la liberté de ses écrits.

La censure peut aussi avoir lieu pour les écrits anonymes, quels que soient les auteurs.

Un anonyme pour le public ne doit jamais l'être pour son imprimeur : celui-ci en est responsable.

La liberté de la presse est une arme dangereuse dont le port libre ne peut être accordé à tout le monde : la censure s'appliquerait avec raison aux écrivains sans permis qui voudraient en faire usage.

(1) Cette garde doit être ici le sujet d'une remarque essentielle.

La garde ordinaire des rois se ressent et participe encore trop des anciens usages et de ces tems où l'art militaire était éloigné du point de perfection où il est parvenu. L'arme la plus redoutable doit être celle de la garde des rois. Avant l'invention

Les patriciens seront gardés par la
troupe de ligne.

---

de la poudre et de l'artillerie, les rois étaient gardés
par des hommes armés d'épées ou de lances ; depuis
l'invention et l'adoption de l'artillerie, il faut que les
gardes du roi sachent non seulement manier l'épée,
mais encore qu'ils connaissent aussi la manœuvre
et le service de l'artillerie. Le canon est la véritable
arme de l'autorité royale ; c'est par lui qu'à l'instar
du maître de l'univers, elle peut tonner et de plus
renverser les obstacles que de téméraires séditieux
voudraient opposer à son cours bienfaisant. C'est
le canon qui, sur terre comme sur mer, décide les
grands succès. Qui a mis entre les mains de l'Angleterre le sceptre des mers ? Ce sont les canons
de ses vaisseaux. Qui a failli mettre entre les mains
des Français le sceptre du continent ? C'était leur
formidable artillerie. Dans la lutte qui vient de se
terminer d'une manière aussi heureuse qu'inat-
tendue, les puissances alliées ont été principale-
ment redevables de leurs succès à leur supériorité
en artillerie. Il en eût été autrement si les Français
eussent eu à leur disposition l'immense artillerie
qu'ils ont aventurée et perdue dans la Russie.

Les armoiries des souverains doivent reposer
sur deux canons en sautoir et sur le cœur de leurs
peuples.

Les plébéiens par la garde nationale.

Le parlement aura une garde d'honneur. Il faudra être noble ou décoré pour en faire partie.

Après avoir développé mon système politique d'une manière concise et générale, après l'avoir réduit à un cadre dans lequel tous les détails d'un gouvernement peuvent se classer naturellement, je vais parler de quelques-unes de ses parties accessoires qui sont d'une assez grande importance pour que je croie devoir m'expliquer à leur sujet.

6.

De la Noblesse et des Décorations.

Il y a deux sortes de noblesse ; la noblesse héréditaire et la noblesse viagère. C'est le roi qui nomme à la noblesse. Il dispose entièrement de cette récompense d'honneur. Il peut rendre viagère la noblesse héréditaire ; il peut même l'ôter, ce qui n'aurait lieu que dans des cas extraordinaires.

Les services distingués dans l'état militaire se récompenseraient spécialement

par la noblesse héréditaire. On pourra la
mériter dans l'état civil, soit par des actes de dévouement au bien général, soit
par des découvertes importantes, soit par
des travaux marquans, d'une utilité générale.

La noblesse non héréditaire ou viagère
serait la récompense du courage, du mérite personnel, des bonnes actions, de
certaines fonctions publiques, civiles ou
religieuses.

La noblesse sera décorée. Le gouvernement doit varier et multiplier les décorations, autant pour ménager les finances
en diminuant ses récompenses pécuniai-
res, que pour accréditer le principe que
l'argent seul ne peut payer ce qui est ins-
piré par l'honneur, l'humanité et le génie.
Là où n'existent pas les décorations et les
distinctions, un vif intérêt et l'égoïsme
s'emparent des ames, ils deviennent les
idoles des nations assez malheureuses
pour troquer des sentimens nobles et gé-
néreux pour de l'or; ces nations deviennent mercenaires : les décorations militaires devront être distinctes des décorations civiles.

L'usage des décorations et des marques distinctives en général, jouit de deux avantages inappréciables. Le premier, c'est de fournir, par la suspension du droit de les porter, un moyen d'honneur de punir les fautes à quelqu'ordre ou à quelque classe qne l'on appartienne. Le second, c'est de remédier à l'inconvénient qui résulte de l'égalité du costume dans les principales villes du monde. Dans ce cas elles équivalent à des lois somptuaires sans en avoir l'inconvénient, puisque, quel que soit le costume que la mode ou l'usage autorise, les décorations ou les marques distinctives de différentes espèces ont l'avantage de maintenir chacun dans sa classe.

Dans plusieurs pays, et notamment dans les campagnes, le besoin des distinctions n'est pas aussi sensible que dans les villes, parce que dans ces lieux où les mœurs sont plus près de la nature, on a un costume national déterminé par l'état que l'on fait : ce costume dont personne n'a l'idée de rougir sert de distinction. Cet usage durera d'autant plus longtems, qu'il est d'accord avec l'économie, cette qualité si essentielle aux habitans des campagnes.

7.

Des Tribunaux.

Je ne parlerai des tribunaux que pour faire remarquer que ce sont des intermédiaires indispensables adoptés dans tous les pays civilisés. Un arbitre, un juge de paix, un jury, des juges près les tribunaux ne sont autres que des intermédiaires reconnus par des particuliers ou par la loi ; ils opposent une barrière également forte aux prétentions de deux puissances individuelles, c'est-à-dire de deux parties qui sont en différend : ils concilient les parties ou ils les forcent à céder à la voix de la justice.

8.

De la Force armée.

La force armée d'une nation se composera de troupes de ligne et de gardes nationales : le service de la troupe de ligne sera permanent ; celui de la garde nationale ne sera que momentané, excepté dans le cas de guerre.

Les campagnes recruteront la troupe de ligne, soit par l'effet des enrôlemens volontaires ou des désignations, soit par le tirage au sort.

Les villes et les bourgs fourniront la garde nationale, qui sera distinguée en garde mobile et garde sédentaire.

Dans le cas de guerre, la garde nationale mobile, en totalité ou en partie, sera assimilée à la troupe de ligne pour le service et pour la solde : elle formerait l'armée de réserve.

Les enrôlemens volontaires et les remplacemens seront généralement admis pour la troupe de ligne et pour la garde nationale mobile, quand elle sera en activité.

La garde nationale sera habituellement exercée. Elle passera plusieurs grandes revues par an.

Les officiers supérieurs de cette garde seront choisis parmi les plus imposés de leur département.

Les places d'officiers et sous-officiers seront occupées par ceux qui mériteront la préférence par leur habileté soit dans le commandement, soit dans la pratique

de l'exercice et des manœuvres. A mérite
égal, on donnera les grades aux plus ri-
ches.

En tems de guerre, elle sera armée et
équipée à l'instar des troupes de ligne.

La garde nationale mobile se composera des jeunes gens des villes et des
bourgs, depuis l'âge de dix-huit ans jusqu'à celui de trente.

La garde nationale sédentaire se composera de tous les célibataires au-dessus
de trente ans, et des hommes mariés ou
veufs. A cinquante ans on ne fait plus partie de la garde nationale. Pour faire partie
de la garde nationale sédentaire, il faudra
payer une contribution directe d'une
somme déterminée; il ne faudra être ni
commis, ni ouvrier, ni domestique. Les
hommes qui ne feront pas partie de cette
garde, et qui n'auront pas cinquante ans,
pourront être mobilisés si les événemens
l'exigent.

La garde nationale sédentaire sera la
seule complètement armée et équipée. Il
y aura, en tems de paix, des dépôts d'armes du gouvernement pour la garde nationale mobile; elle ne s'en servira que

pour l'exercice, ou quand elle sera appelée à faire un service extraordinaire (1).

Les villes en état de fournir une garde nationale sédentaire à cheval, seront autorisées à en avoir une.

Les cent départemens du royaume seront divisés en vingt-cinq divisions ou gouvernemens militaires, qui seront confiés aux vingt-cinq généraux les plus distingués de l'armée.

La garde nationale aura un colonel général, qui seul la commandera et la dirigera, d'après les ordres du roi (2).

---

(1) La garde nationale mobile pourrait, afin d'abréger sa dénomination, être appelée *la Milice*.

(2) Pour faire à la force armée l'application du principe des intermédiaires, j'admets une force armée mixte dont le service participe de celui de la troupe de ligne et de celui de la garde nationale; ce service consiste à combattre les ennemis intérieurs de l'état, à prévenir les effets de la malveillance, et, en un mot, à être les gardes de la justice. Je nommerais cette force armée, *Gendarmerie à pied et à cheval.*

Erratum. X dans l'étendue de son département en tems de guerre elle sera armée et équipée à l'instar de la troupe de ligne;

9.

De la Religion.

Le religion sera l'objet constant de la surveillance du gouvernement; il donnera soigneusement l'exemple de l'assiduité à remplir les devoirs religieux envers le Dieu créateur et régulateur de l'univers.

La morale pratique de la religion en général est préférable à la morale purement métaphysique de la philosophie. La sentence suivante doit être profondément gravée dans la mémoire des rois :

« Les rois n'ont point de trônes où Dieu n'a pas d'autel, »

La religion d'un peuple doit être en harmonie avec sa constitution. Celle-ci doit lui servir de fanal ; ce principe ne souffre d'exception que sous le gouvernement théocratique ; le contraire y a lieu : c'est la religion qui est la base de la constitution. Cela provient de ce que c'est le chef de la religion qui est le souverain.

Le pouvoir de la religion se divise en deux : le pouvoir divin et le pouvoir civil,

Le but de celui-ci est la moralité du peuple; le but du pouvoir divin est la foi. Elle seule peut en imposer aux vaines et dangereuses conjectures des hommes qui prétendent soumettre au raisonnement les secrets de la Nature et de la Divinité.

10.

De la Constitution.

Tous les cinquante ans il y aura une révision de la constitution.

Un terme de trente à quarante jours sera consacré à cette révision qui, dans les pays catholiques, pourrait avoir lieu et être même fixée à l'époque du carême et au tems de sa durée.

Le roi, le sénat et le parlement discuteraient les observations et les réclamations auxquelles la constitution aurait pu donner lieu. Sa rédaction en serait maintenue ou changée, suivant ce qui serait décidé. Au dernier jour du tems consacré à la révision de la constitution, si l'on n'était pas d'accord sur les changemens à y faire, toute discussion serait close, et la constitution serait maintenue, pour cinquante ans, telle qu'elle était avant le commencement de la révision.

Dans toutes les villes chefs-lieux de départemens, une des places principales portera le nom de *Place de la Constitution*. Un monument y sera élevé, dont la décoration caractéristique sera la constitution même, gravée en lettres d'or sur des tables de bronze.

En tems de guerre ou de troubles, ce serait sur cette place que les guerriers se rallieraient; c'est autour de la constitution, les yeux et les bras tournés vers elle, qu'ils jureraient, en partant, de défendre jusqu'à la mort, leurs lois, leur roi et leur patrie.

———————

Je ne chargerai pas cette édition de nouveaux détails sur l'application du principe des intermédiaires : il peut s'appliquer à tout. Depuis l'existence du monde il est pratiqué matériellement pour la division des propriétés par des fossés, des haies, des murs etc., qui sont les meilleurs obstacles à opposer aux contestations et aux procès.

Les Chinois ont eu dès longtems l'idée de

mettre entre leur empire et celui des Tartares un intermédiaire matériel, connu sous le nom de la grande muraille de la Chine. Entre les nations civilisées, il est plus convenable et plus économique d'employer les moyens qu'offre la nature, que d'avoir recours à des matériaux pour fixer des limites.

La muraille des Chinois est un exemple frappant qu'il ne faut pas, d'un petit effet, en conclure un grand. Les murs de séparation des propriétés particulières sont d'accord avec le bon sens; des murailles pour séparer de grands ou de petits états, seraient aussi ridicules qu'insuffisantes.

Je vais terminer cet abrégé par quelques observations sur l'impôt qui donne la vie et la force à tout dans les gouvernemens.

Après être convenu qu'il doit être proportionnellement réparti sur toutes les classes de la société, je n'en parlerai que pour proposer un genre d'impôt qui n'a pas encore été usité, et qui, je pense, mérite une sérieuse attention.

Je l'appelle *l'Impôt emprunt.*

CHAPITRE III.

DE L'IMPOT.

I.

De l'Impôt direct.

JE distingue trois manières d'asseoir un impôt direct ou trois espèces d'impôts directs principaux :

1°. L'impôt ordinaire, qui consiste à lever une somme quelconque sur un revenu présumé.

2°. L'emprunt et l'impôt qui sert à en acquitter l'intérêt. Cette espèce d'impôt est porté en Angleterre à son dernier degré de perfection, à l'aide d'une caisse d'amortissement bien dirigée, qui tend continuellement à amortir la dette publique.

3°. L'impôt emprunt, qui est celui que je propose, lequel se prélève sur une somme empruntée et remboursée annuellement.

C'est de ce dernier seul que je vais traiter.

2.

De l'Impôt emprunt.

Cet impôt consisterait dans le paiement d'une somme dont la moitié, ou le tiers, ou les trois quarts seraient remboursables au bout de l'année en argent ou en marchandises désignées par l'imposé. Ces marchandises seraient des denrées coloniales ou des produits indigènes d'une consommation habituelle et générale. La portion remboursable de l'impôt ne porterait intérêt qu'en tems de paix.

Les contribuables seraient divisés en deux classes, les forts et les faibles. La première classe devrait acquitter la moitié de son emprunt dans les trois premiers mois de l'année, sous peine de perdre son droit à l'intérêt du remboursement en argent ou en marchandises de son choix. La deuxième classe devrait acquitter son emprunt dans les six premiers mois de l'année, sous peine également de perdre son droit à l'intérêt du remboursement en argent ou en nature : dans tous les cas, la perte de l'intérêt serait indépendante des frais de contrainte déterminés par les lois pour la perception des impôts.

L'impôt emprunt est l'inverse des emprunts ordinaires qui ont pour but de donner un bénéfice sur le capital, puisque le résultat de celui-ci est la restitution du capital moins une retenue qui forme l'impôt.

Si le gouvernement voulait éviter les frais et les embarras du magasinage, il passerait des marchés avec des fournisseurs pour le service du remboursement de l'impôt en nature.

J'estime qu'il serait mieux pour ses intérêts qu'il créât une administration ou comptoir royal et commercial, qui ferait sur les marchandises des opérations et des bénéfices par des moyens appropriés qui seraient analogues à ceux qu'emploie une banque nationale pour opérer et bénéficier sur le papier.

Les fonds de l'impôt seraient versés à ce comptoir, ou tenus à sa disposition dans des caisses correspondantes.

Dans des cas extraordinaires, on pourrait, avec l'autorisation du ministre des finances, payer son impôt emprunt en nature, en tout ou en partie (1).

Le comptoir central aurait des comptoirs correspondans dans toutes les villes du royaume et des colonies : en connaissant six mois d'avance les demandes des contribuables, il serait à même de faire dans le tems le plus favorable, la distribution des marchandises à donner en paiement à la fin de l'année.

Les magasins du comptoir royal et commercial n'admettraient que des marchandises de garde et de consommation ordinaire, telles que sucre, café, coton, cacao, riz, poivre, sel, lin, chanvre, suif, laines, peaux, merrains, toiles blanches, mousselines, etc. Il en serait dressé une liste, sur laquelle chacun choisirait les articles les plus convenables à sa consommation. Quand la pratique de cet impôt en aurait démontré les avantages, le gouvernement pourrait se débarrasser d'une

---

(1) Dans les systèmes modernes d'impôts, on donne trop d'exclusion au paiement de l'impôt en nature ; il n'est plus usité qu'en tems de guerre, sous le nom de *réquisitions*.

partie de sa gestion en l'affermant à une compagnie qui offrirait des garanties suffisantes pour déterminer à lui confier une entreprise de cette importance.

Le remboursement en nature se ferait au cours le plus élevé des six premiers mois de l'année, ou bien il se ferait en numéraire au cours le plus bas desdits six premiers mois. Le comptoir royal serait maître de choisir sa manière de rembourser, suivant qu'il aurait beaucoup ou peu de marchandises en magasin ; il pourrait payer tout ou partie en marchandises, ou tout en numéraire : il annoncerait publiquement un mois d'avance le mode de son paiement.

Le remboursement de la première classe de l'impôt se ferait, autant que possible, en numéraire, afin d'éviter de charger les contribuables d'une quantité de marchandises au-delà de leurs besoins.

L'impôt emprunt, comme cela est facile à reconnaître, mettra dans les six premiers mois de l'année, entre les mains du gouvernement, des fonds considérables, qu'il pourra faire valoir à son avantage, et qui assureront son service pour le reste de

l'année. Sa manière de rembourser sera la
plus avantageuse pour lui, puisqu'il en
aura le choix, et le paiement qu'il effec-
tuera à la fin de l'année ; c'est-à-dire en
janvier suivant, mettra de suite les contribuables à même de s'acquitter d'une bonne
partie de l'impôt emprunt pour l'année
courante.

Je distingue deux manières d'envisager
l'impôt emprunt : ou il est remboursable
partie en argent, partie en marchandises,
ou les marchandises doivent en être ban-
nies. Il y a des raisons pour et contre.
Tel gouvernement fera bien d'admettre
les marchandises, tel autre fera bien de
les rejeter. Par exemple un gouvernement
qui aurait des revenus en nature, tels que
des bois, des laines, des soies, des sels,
des tabacs, des sucres, des cafés, etc.,
pourrait trouver des bénéfices importans
en remboursant en marchandises une partie de l'impôt emprunt.

3.

Pour faciliter l'intelligence du nouveau
mode d'imposition directe que je propose,

je vais faire aux finances de la France l'application de l'impôt emprunt.

Il ne sera point question de marchandises dans cette opération. J'observerai pourtant que la France est un des pays auxquels il conviendrait de faire usage du remboursement partiel en nature.

J'adopte la somme de 300 millions pour produit des contributions directes du royaume de France : par les observations faites sur les derniers budgets, les contributions indirectes peuvent être estimées le double des contributions directes, c'est-à-dire la somme de 600 millions.

D'après ces données, je porte l'emprunt à joindre à l'impôt direct au double de cet impôt. L'impôt emprunt sera donc de 600 millions, dont 300 millions de l'emprunt devront être payés dans les six premiers mois de l'année, et 300 millions de l'impôt devront l'être par douzièmes pendant toute l'année, ainsi que cela se pratique déjà.

Les percepteurs ordinaires, receveurs particuliers et receveurs-généraux feraient la perception de l'impôt emprunt.

Les receveurs-généraux en correspon-

draient avec le comptoir royal et central
qui aurait la direction et l'emploi des
fonds provenant de l'emprunt seulement.
La jouissance de ce fonds de 300 millions
pendant une partie de l'année, donnerait
des bénéfices qui seraient versés à la caisse
d'amortissement. Le comptoir royal offrirait au gouvernement une caisse de réserve où il pourrait puiser de quoi com-
pletter des fonds nécessaires à son service,
dans le cas où les rentrées sur lesquelles
il comptait se trouveraient arriérées ou
insuffisantes. Le comptoir lui prêterait à
l'intérêt le plus modique des bons à courte
échéance sur les receveurs-généraux.

L'emprunt fournirait de plus une ressource précieuse dans des circonstances
urgentes telles que celles d'une guerre,
d'une disette de grains, de grands travaux
à exécuter, d'un genre d'industrie en grand
à fonder. Cette ressource serait un crédit
de plus de 100 millions pendant un an
que le gouvernement pourrait prendre,
en fournissant ses traites payables à un
an à l'époque où la rentrée de l'emprunt
devrait être effectuée. L'impôt emprunt
montant aux deux tiers de la totalité des

contributions directes et indirectes, ce serait le tiers restant à rentrer par les contributions indirectes qui serait l'hypothèque du crédit que prendrait le gouvernement.

Il est à remarquer que ce sont les contributions indirectes qui garantissent le remboursement de l'emprunt établi et celui du crédit extraordinaire dont le gouvernement aurait besoin. Par elles l'emprunt et le crédit au lieu d'être de nouvelles charges pour la dette publique, ne sont que des avances annuelles dont la rentrée est assurée comme celle des contributions mêmes.

Un résultat de l'impôt emprunt serait de fixer pour plusieurs années le produit de l'impôt direct. L'emprunt porterait intérêt en tems de paix : en tems de guerre l'intérêt pourrait être suspendu. Ce serait le remboursement d'une partie de l'impôt direct qui fournirait l'intérêt de l'emprunt : cet intérêt serait de 5, de 10, de 15, de 20, de 30 pour 100 et au-dessus : passé 5 pour 100, ce serait une véritable diminution de l'impôt direct que l'on éprouverait : cette diminution pourrait être d'autant plus sensible que les circonstances permettraient de fixer l'intérêt à un taux plus élevé par le budget de l'année.

Le cadastre déterminera la juste proportion à laquelle l'impôt direct devra être limité.

L'impôt emprunt aurait l'avantage politique et moral d'attacher toute la nation au gouvernement par les liens de l'intérêt. Il accélérerait les opérations de la caisse d'amortissement, caisse qui doit appeler sur elle la plus sérieuse attention, et que la grande importance dont elle est doit faire regarder comme sacrée.

Le point essentiel pour l'assiette de l'impôt emprunt est de déterminer dans quelle proportion l'emprunt doit être avec l'impôt. En France, avant les impositions extraordinaires occasionnées par les dernières guerres, le rapport des contributions directes aux contributions indirectes était de 1 à 3. Il était parvenu dans ces dernières années de 1 à 4 et même de 1 à 5, parce que les contributions directes étant portées depuis longtems à leur *maximum*, n'augmentaient pas en raison des contributions indirectes qui allaient toujours croissant. Or, comme ce sont les contributions indirectes qui sont l'hypothèque de l'impôt emprunt, la somme à laquelle doit être porté l'emprunt ne doit jamais dépasser celle des impositions indirectes. Il est même plus convenable comme plus exécutable qu'elle n'en soit guère que la moitié. Le contribuable en est moins chargé et le gouvernement se ménage par cette réserve un crédit important sur la portion de l'impôt indirect qui n'est pas grévé par le remboursement de l'emprunt avec ses intérêts.

Je crois que la proportion préférable pour l'emprunt est la proportion double de l'impôt direct : c'est elle que j'ai adoptée ci-dessus.

Les lenteurs et l'inexactitude des contribuables à l'acquit des impositions seraient punies par la retenue de l'intérêt de l'emprunt, comme je l'ai dit plus haut, indépendamment des frais ordinaires de contrainte, s'il y avait lieu ; le produit de ces retenues serait versé à la caisse d'amortissement.

On a déjà dû reconnaître que l'emprunt impôt que je propose n'a point l'inconvé-

nient majeur des autres espèces d'emprunt,
qui est d'augmenter la dette publique. Il
diminue seulement de peu de chose le produit de la recette publique ; encore cette
perte pour le trésor est-elle compensée
par l'avantage marquant de mettre six
mois d'avance, entre les mains du gouvernement, un capital qui, pour la France,
serait de 300 millions ; capital qui, étant
bien ménagé et bien administré, serait
susceptible de produire un bénéfice d'environ 5 pour 100, qui serait versé à la
caisse d'amortissement.

Mais, me dira-t-on, cet impôt emprunt
est-il exécutable ? Les propriétaires, les
négocians, les capitalistes, etc. ne sont-ils
pas déjà assez gênés pour payer dans le
cours d'une année la totalité des impositions directes ? Comment feront-ils pour
payer dans les six premiers mois de l'année le double de ces impositions ? Je
répondrai à ces objections :

1°. Qu'on prête avec beaucoup plus de
facilité une somme qui porte intérêt, qu'on
n'en donne une qu'on ne doit plus revoir.
2°. Qu'au simple taux de 5 pour cent,
l'emprunt serait déjà un placement con-

venable pour les contribuables, et que,
suivant les circonstances, et les finances
de l'État s'améliorant, les taux de 15, 20,
30 pour cent et au-dessus que le gouvernement pourra payer, seront, pour les
contribuables, de puissans stimulans à
acquitter le plutôt possible l'emprunt atta-
ché à l'impôt. Plutôt le gouvernement en
sera payé, plus il bénéficiera sur son capital, plus il versera à la caisse d'amortissement, et plus on verra diminuer la dette
publique. Ce dernier résultat entraînerait
nécessairement la diminution des contributions indirectes, ou l'augmentation du
taux d'intérêt de l'emprunt. 3°. Enfin, la
gêne pour payer l'impôt emprunt ne serait
réelle que la première année, parce qu'au
commencement de la deuxième les contribuables recevant le remboursement de
l'emprunt avec son intérêt, ils se trouveraient de suite en fonds pour l'acquitter en
tout ou en partie pour cette deuxième
année, et ainsi de suite. D'ailleurs, pourquoi la quittance de paiement définitif
de l'emprunt ne serait-elle pas regardée
comme une traite sur le gouvernement,
payable à la fin de l'année et recevable en

paiement ? Pourquoi, quand elle serait de
100 francs et au-dessus, par exemple, ne
serait-elle pas négociable par l'effet d'un
endossement ? Pourquoi , à l'expiration
des trois premiers mois de l'année, les receveurs d'arrondissement et les receveurs
généraux, sur des ordres du gouvernement, ne seraient-ils pas autorisés à es-
compter une partie des quittances négociables ? Celles-ci se diviseraient en deux
espèces : la première serait les quittances
depuis 100 francs jusqu'à 500 francs, lesquelles ne seraient négociables que dans
le déprrtement seulement ; la deuxième
espèce serait celles de 500 fr. et au-dessus,
qui seraient négociables dans toute l'étendue du royaume et assimilées aux lettres-
de-change ordinaires : elles en auraient,
autant que possible, jusqu'à la forme.
Tous les produits d'escompte de ces quittances seraient portés sur des registres
particuliers et les fonds en seraient versés
dans la caisse d'amortissement.

En m'appesantissant sur les moyens
d'exécution de l'impôt emprunt, je me
jetterais dans des détails fort longs qui
seraient de peu d'utilité, car il n'est pas

difficile de les prévoir. Je crois donc devoir terminer ici mon ouvrage.

J'espère qu'il fournira matière à des réflexions philantropiques. J'ai mieux aimé laisser quelque chose à deviner à mes lecteurs, que de courir la chance de les fatiguer par des développemens abstraits, capables de détourner leur attention des idées mères qui doivent seules être l'objet de leurs méditations.

FIN.

www.ingramcontent.com/pod-product-compliance
Lightning Source LLC
Chambersburg PA
CBHW070932280326
41934CB00009B/1847